GW01311715

This book belongs to

____

merde

Putain de
branleur

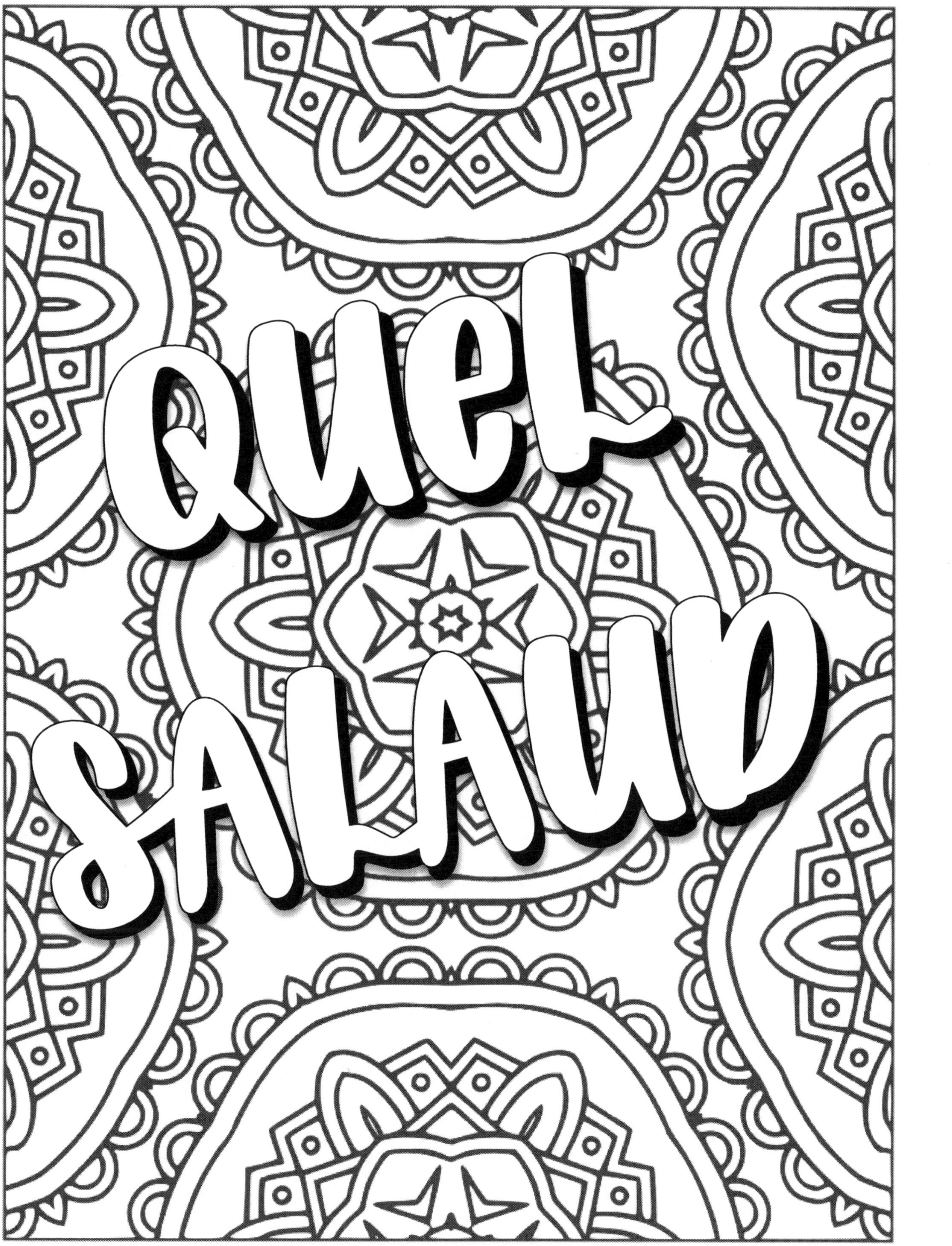
QUEL
SALAUD

SALOPE

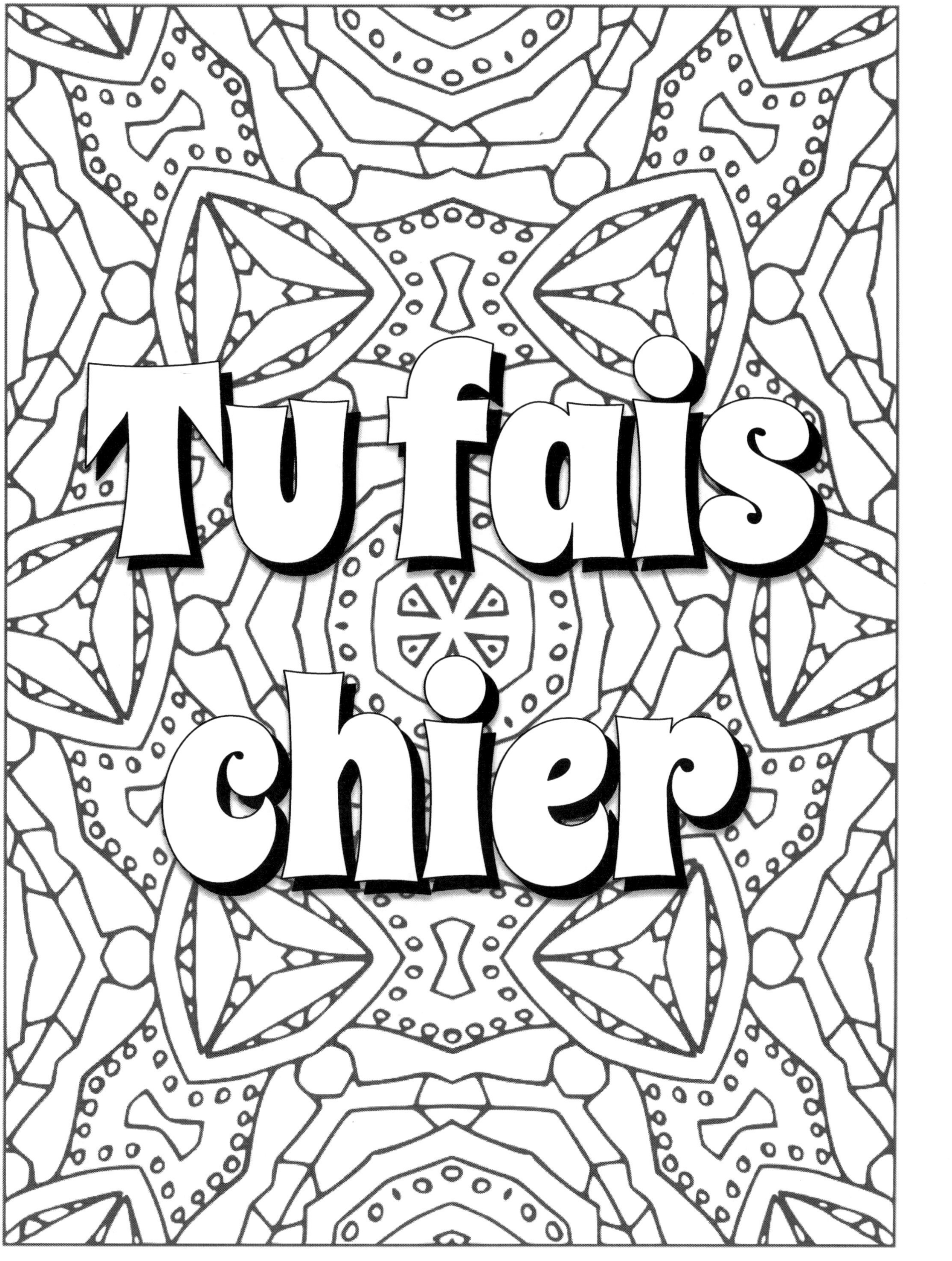
Tu fais
chier

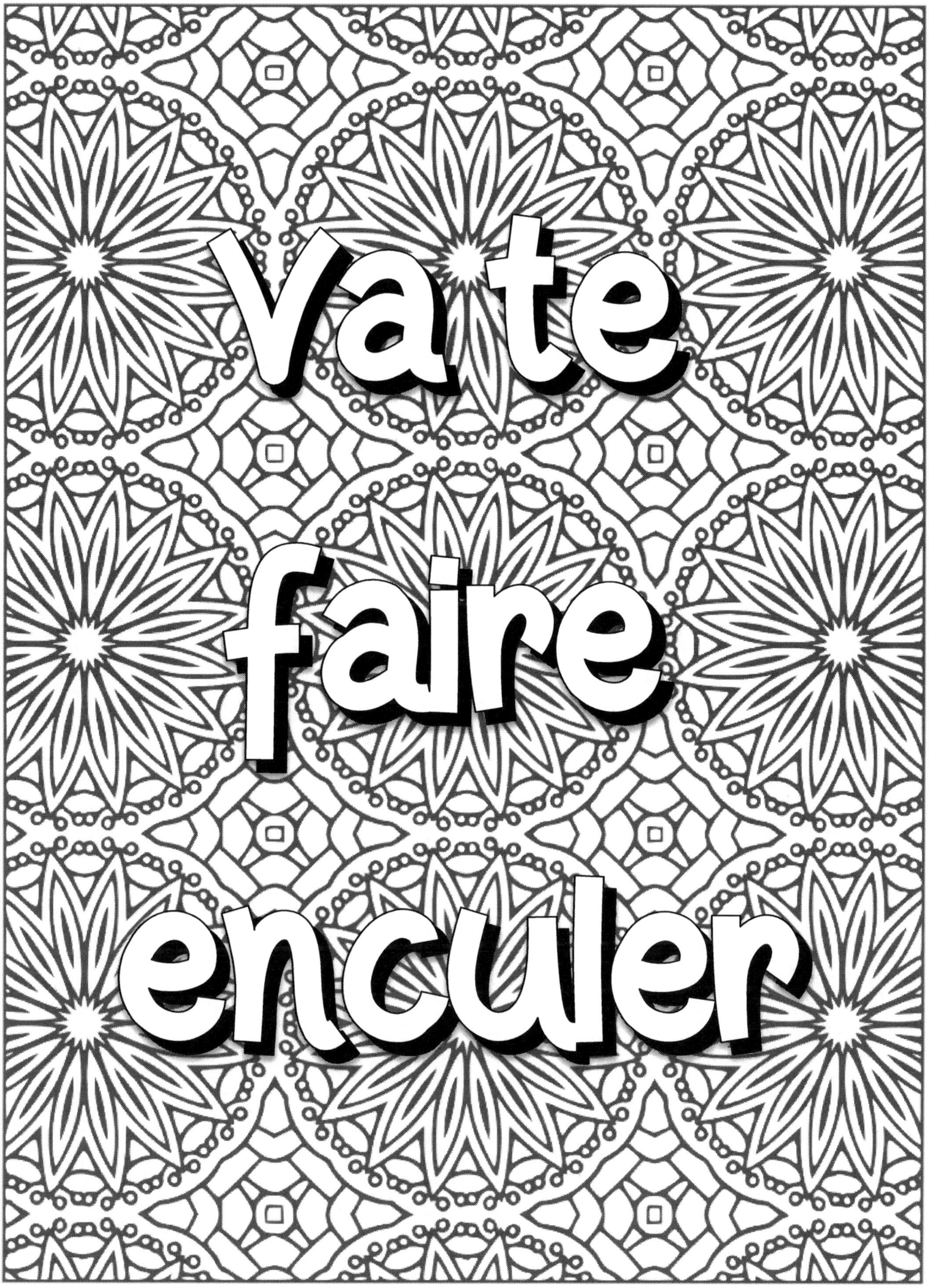
Va te
faire
enculer

Pétasse

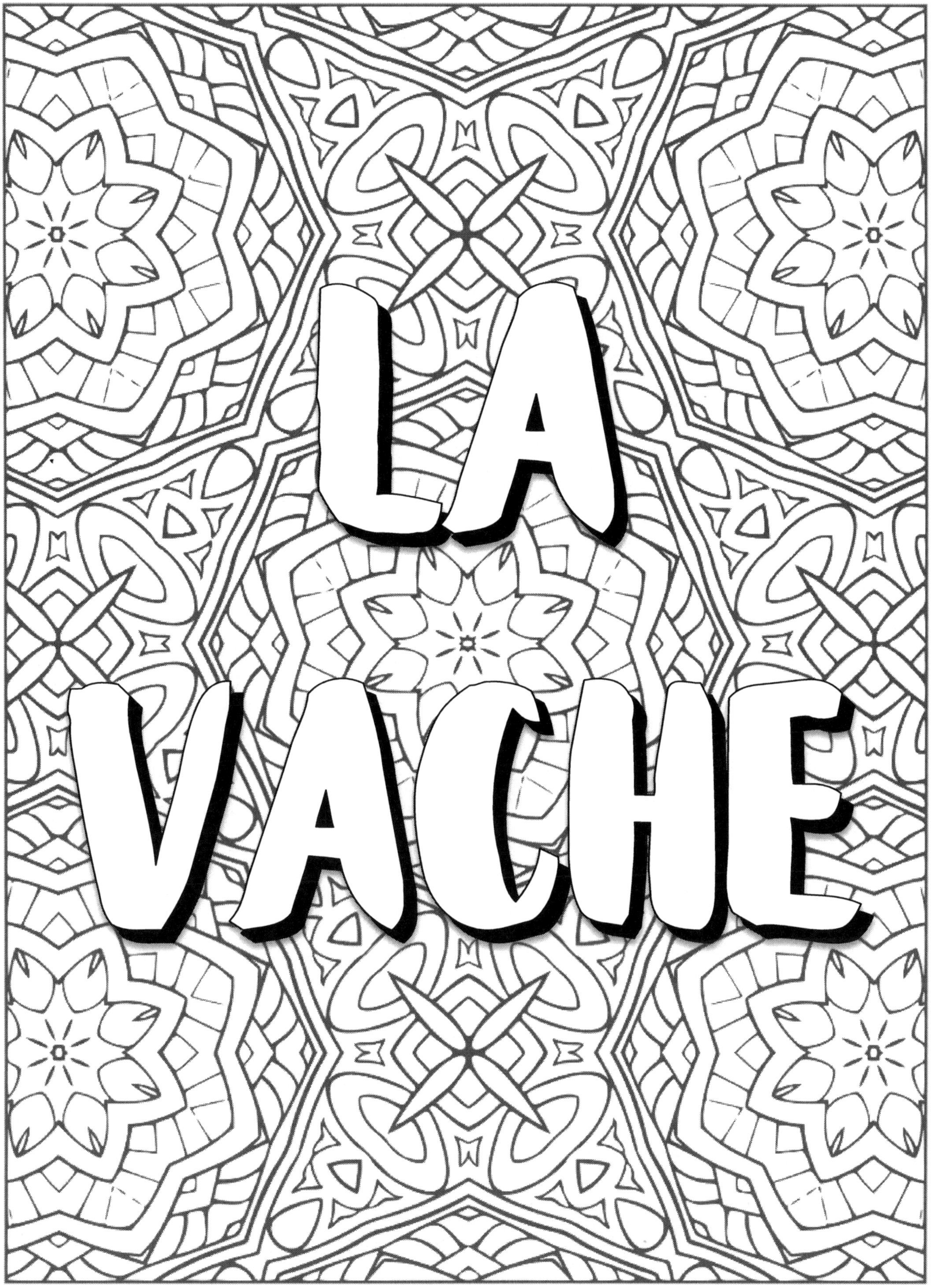
LA
VACHE

connasse

BITE

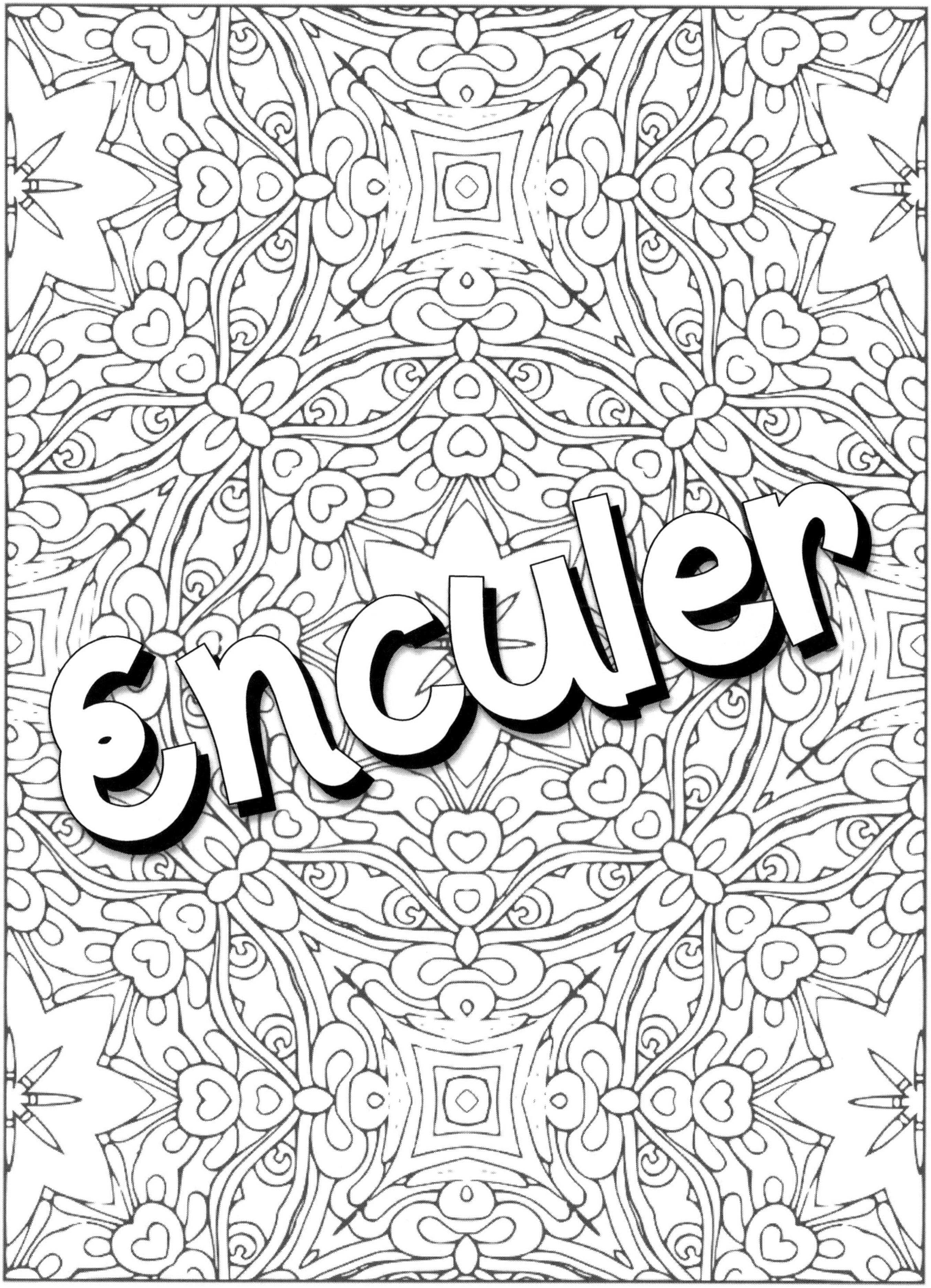
Enculer

Dégénéré

enfoiré

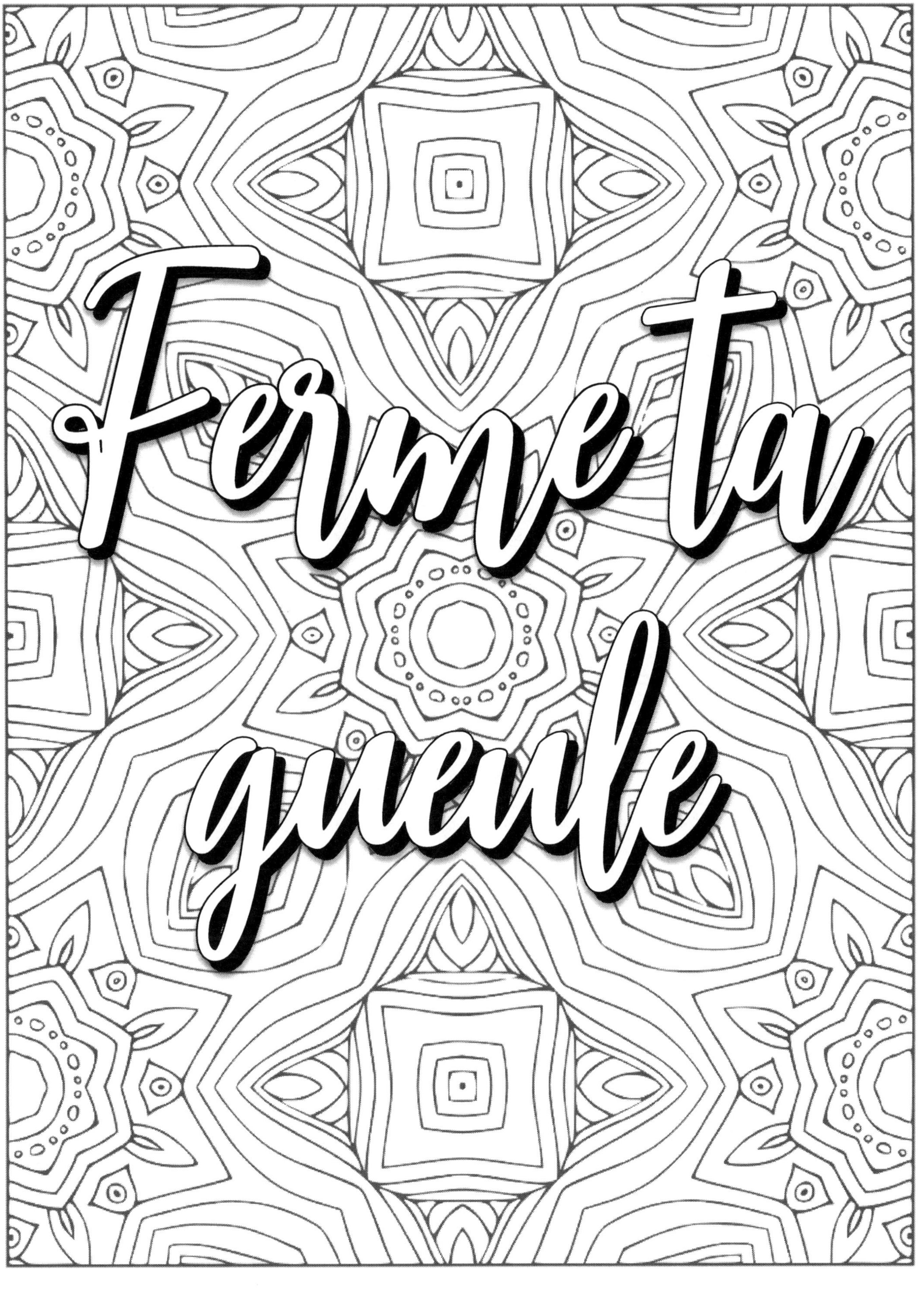
Ferme ta gueule

Fils
de
pute

Je
m'en
fous

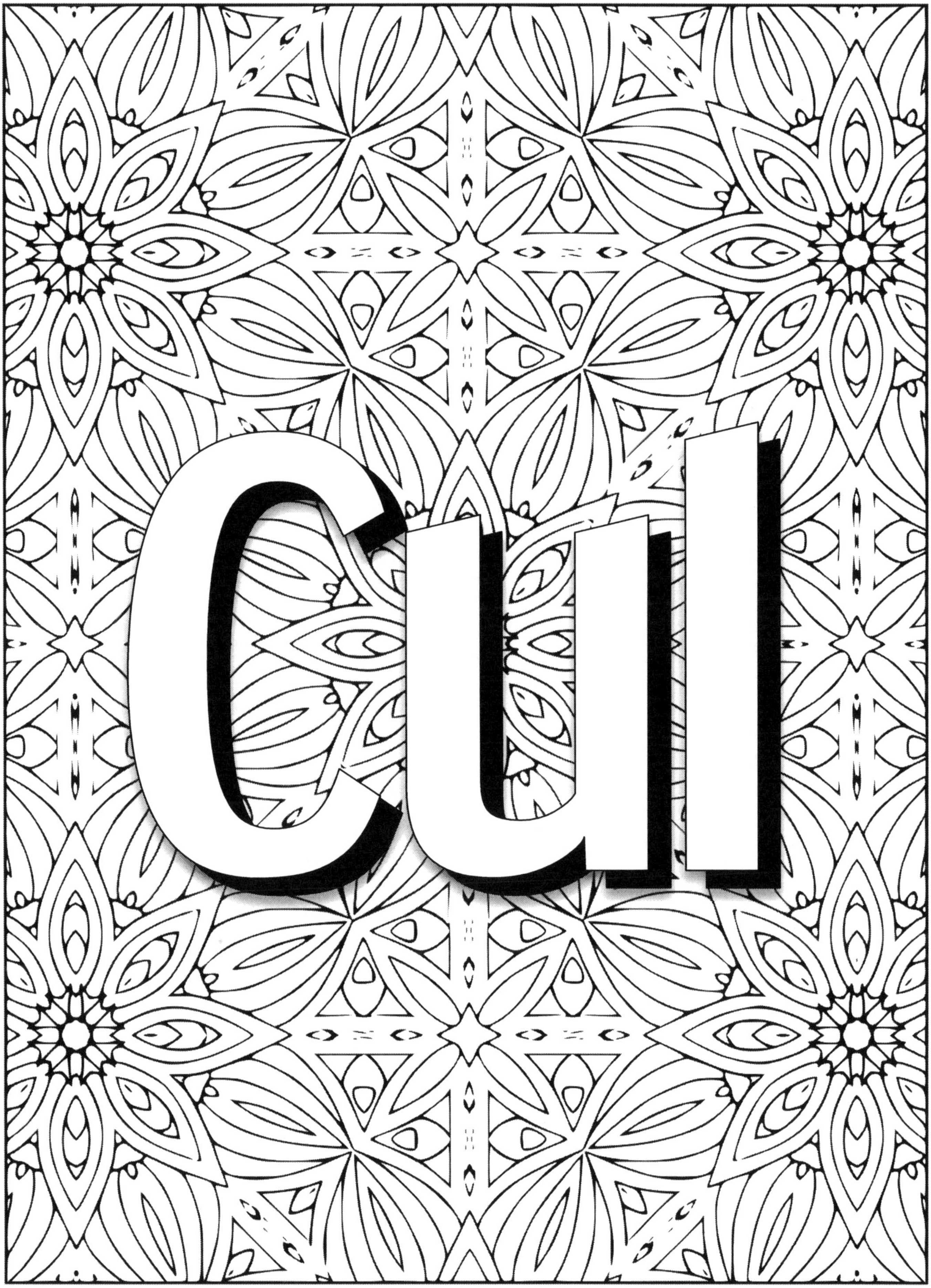
Cul

Branleur

Connard

dégage

T'es rien
qu'un
petit
connard

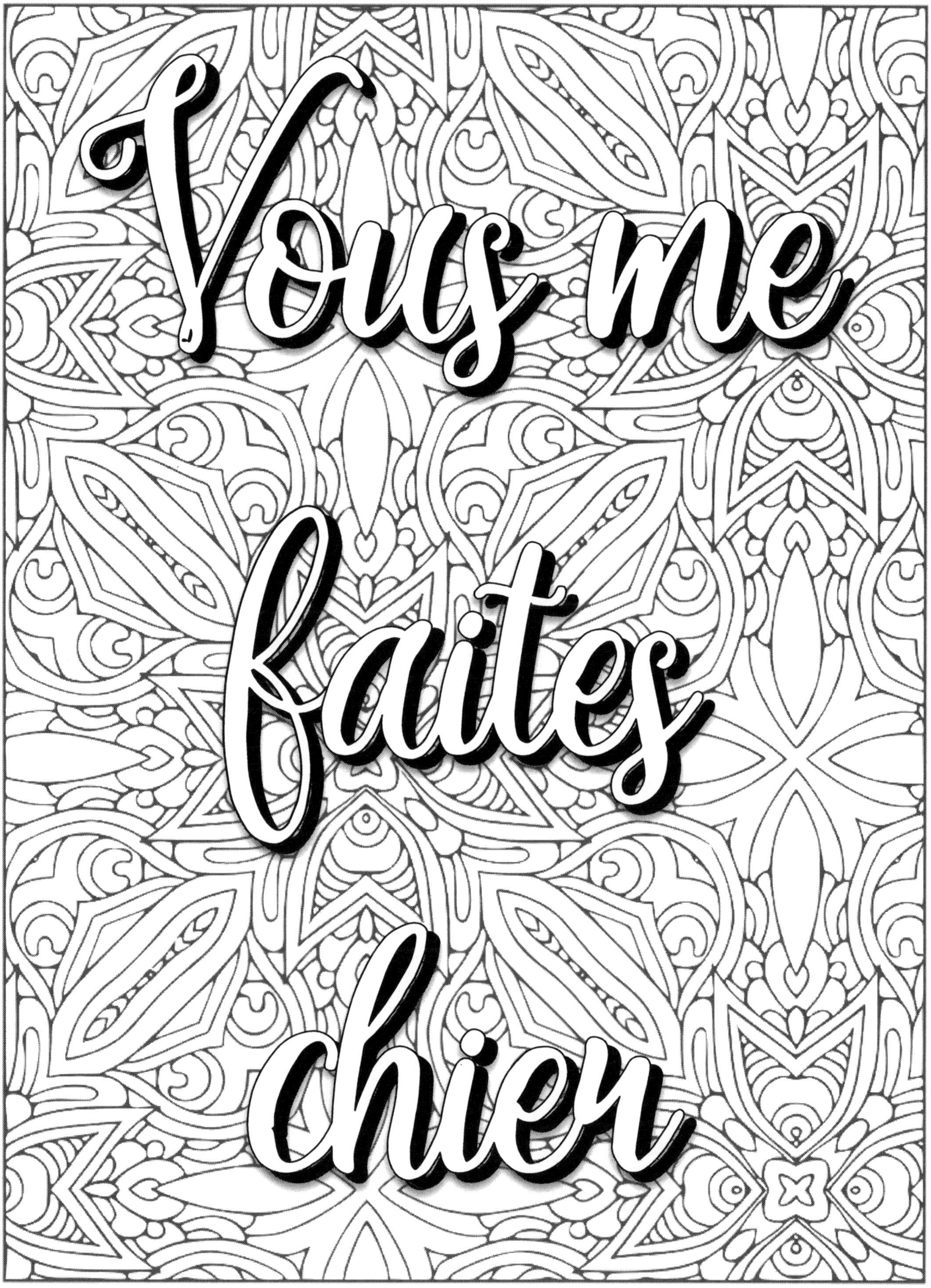
Vous me
faites
chier

enculée

Suce
ma
bite

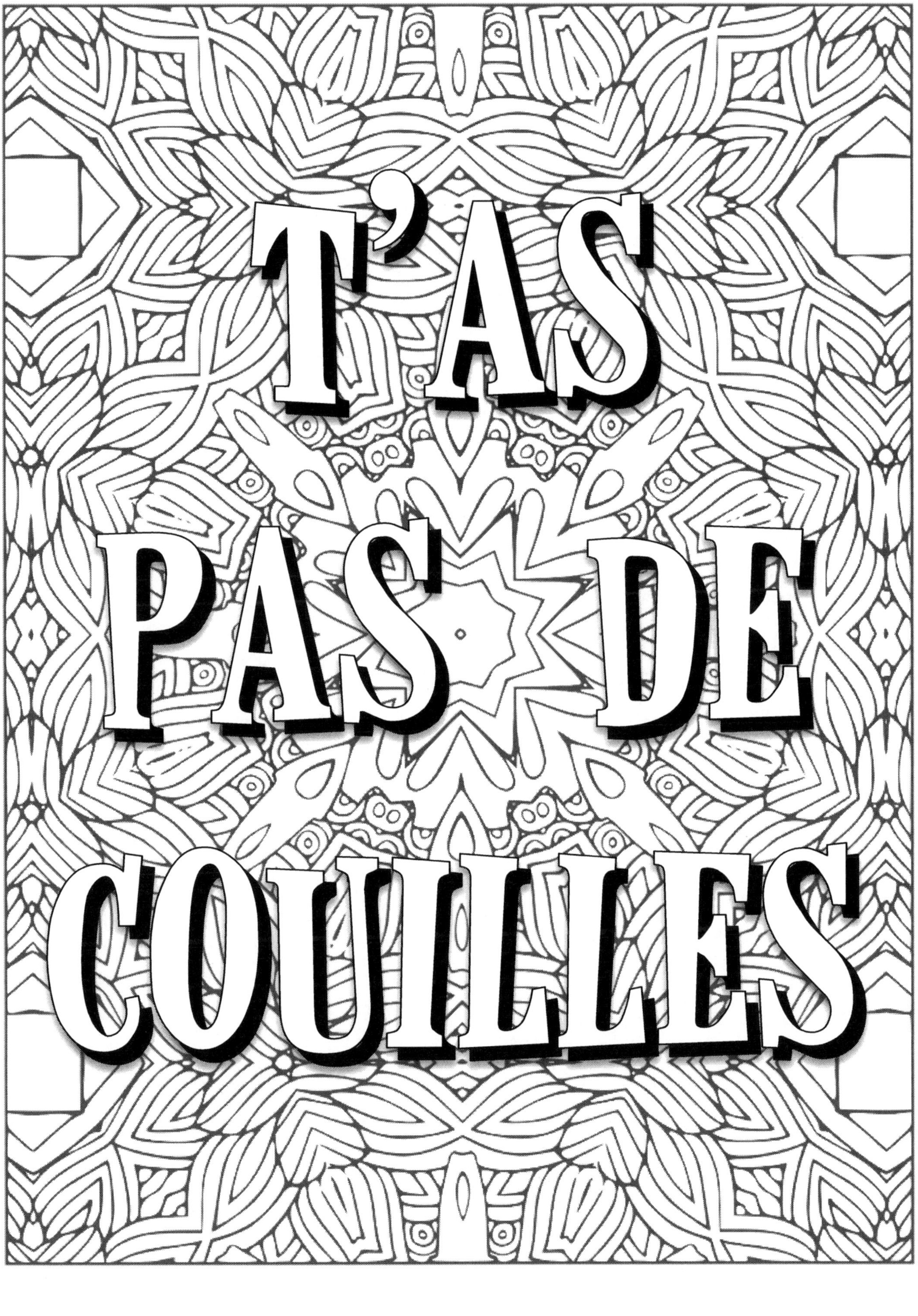
T'AS
PAS DE
COUILLES

Va te
faire
foutre

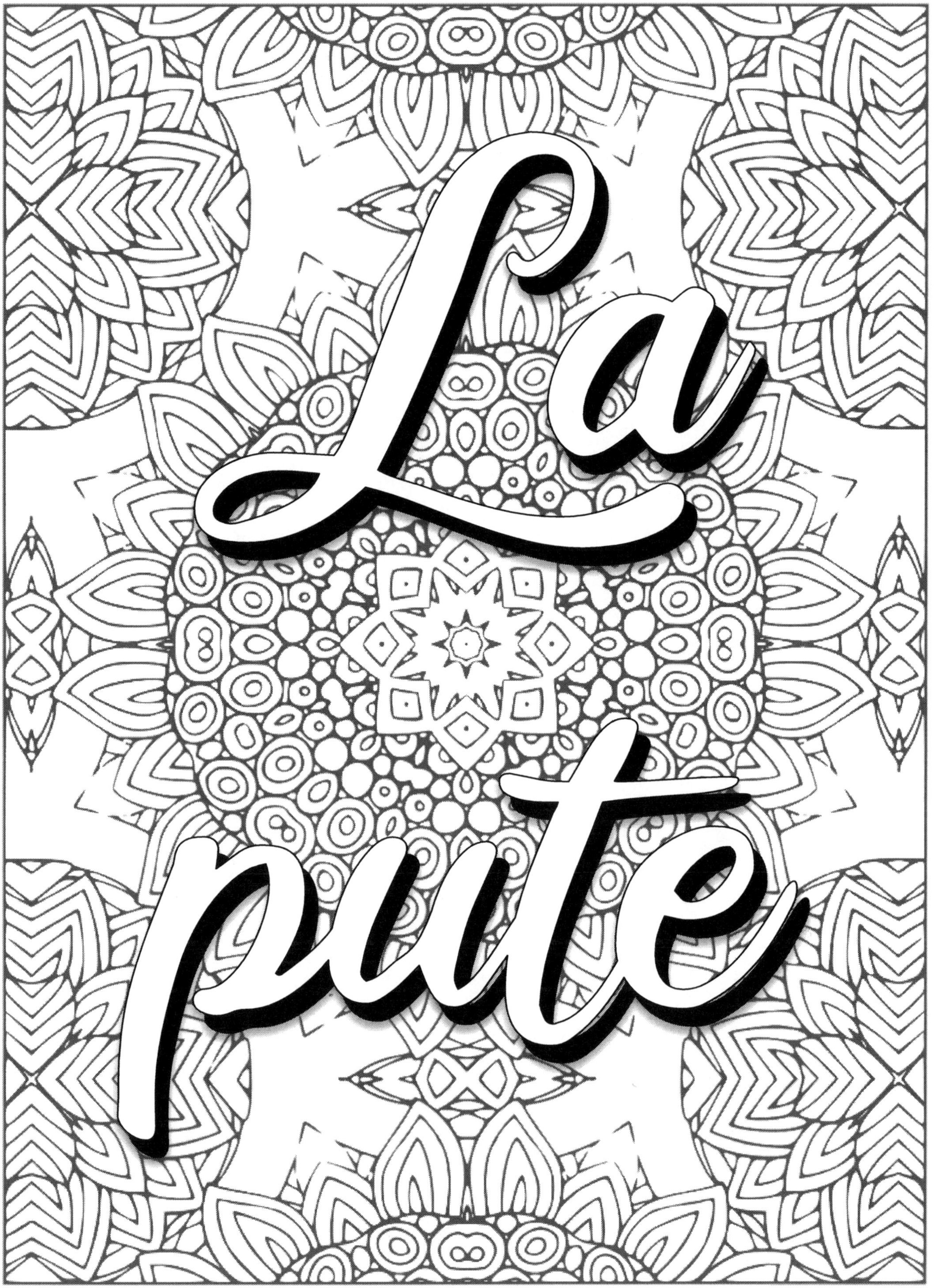
La
pute

BRÛLE
EN
L'ENFER

ÇA
PUE

J'en ai
plus rien
à foutre

Printed in Poland
by Amazon Fulfillment
Poland Sp. z o.o., Wrocław

44203256R00036